LETTRE
A MONSIEUR DARRESTE.

ANGERS. IMP. DE COSNIER ET LACHÈSE.

LETTRE

A M. DARRESTE

SUR

LE LOUVRE, LA BIBLIOTHÈQUE

ET L'OPÉRA.

Par F. GRILLE.

PARIS,
CHEZ TECHENER, PLACE DU LOUVRE, 12.

1847.

LETTRE

A M. DARRESTE.

PREMIÈRE SECTION.

SUR LE LOUVRE ET LA BIBLIOTHEQUE DU ROI.

Le plus doux spectacle, à mes yeux, voulez-vous, mon ami, que je vous le dise? Ce n'est pas d'être au balcon de l'Opéra, et d'entendre Mozart ou Rossini, *Don Juan*, *Guillaume Tell*, *Moïse*; ce n'est pas d'être en loge grillée aux Français, et de voir *le Misantrope*, *Tartuffe* et tout Molière; mais, écoutez-moi bien, c'est, un jour du mois de mai, de voir, par la rue Castiglione, arriver une jolie femme de vingt-cinq à vingt-six ans, avec trois enfants et deux bonnes, dans une calèche découverte; de l'en voir descendre appuyée sur le bras de son mari, un de nos hommes de cœur, un de nos poëtes élégants, qui était venu l'attendre, avant le dîner, pour la conduire sous les marronniers, et qui, assis près d'elle, fait rouler le cerceau et lance le ballon aux éclats de joie de sa jeune famille. Ce couple et ces petits anges et tout ce bonheur qui en eux rayonne, ont pour moi, je l'avoue, un charme inexprimable, au-dessus de tout!

Mais ce n'est pas du sentiment que je veux vous faire. Je viens vous parler d'un intérêt fort grave pour la ville de Paris, pour la cité-reine, la cité-monstre. Paris crée et dévore tout; Paris effraye par sa population croissante et sa mortalité cruelle, par ses palais à neuf étages et ses cimetières; Paris fait les lois et les abroge; elle fait les mœurs et les corrompt; elle fait les modes et en change tous les mois comme de lune, tous les jours comme de chemise. O gouffre! ô cloaque! ô paradis terrestre! asile de toutes les tribulations, arène de toutes les luttes, théâtre de toutes les gloires!

Que de Parisiens qui ont des gilets de velours, des gants jaunes et pas de chausses! Que de femmes, à robes de crêpe, et qui, au bal, sous le corset, n'ont pas de chemise! Je vous raconterai, à vous tout seul, une anecdote: Bernard, le fermier des jeux, et qui, dans ses deux baux, avait gagné quinze à dix-huit millions, était couru par un troupeau de nymphes des plus alertes. Il leur faisait fermer sa porte et les tenait à distance comme des harpies. Mais harpies ou nymphes sont comme la fumée, elles pénètrent partout. L'une d'elles, malgré le concierge et les valets, monta l'escalier, entra dans les cabinets et s'offrant aux regards du maître : « Je suis » poursuivie par des créanciers intraitables; au nom du ciel, venez » à mon secours ! » En achevant ces mots, elle ouvre la redingote de satin dont elle était vêtue et montre, de la tête aux pieds, sans voile, la plus belle créature, une Phryné! Bernard, ému, s'élance vers son secrétaire; il y prend une poignée d'or et s'écrie : « Ah ! » madame, allez chez Minette et cachez-vous! »

Minette était une lingère fameuse, rue de Rivoli, et la solliciteuse y courut en effet tout de suite pour y acheter, non pas des chemises, dont elle n'avait que faire, mais des bonnets à barbes et des mouchoirs de batiste. Encore une fois, j'ai dessein de vous entretenir d'un sujet plus sérieux et m'y voici, le style n'y fait rien. Le mien est sautillant et c'est dommage. Le pli est pris, je ne le puis réformer. Passez-le moi, de grâce, et considérez le fonds, qui est digne de fixer l'attention d'un homme de votre espèce, plein de savoir et de goût.

Les députés, les pairs, les ministres, l'Institut, le gros du public et le choisi, le faubourg et le salon, les étrangers, le feuilleton et les revues, tous s'occupent, à cette heure-ci, de l'achèvement du Louvre, et nul ne doute qu'on ne soit à la veille d'ordonner les travaux. Le roi y pense, M. de Lascases l'a dit, et ce que le roi veut, comme on sait, ne tarde guère à s'exécuter, Dieu merci. Achever le Louvre, c'est, bien entendu, faire les galeries: galerie du nord, galerie transversale, galeries intérieures; des constructions de toutes parts, en pierres de taille; des travaux immenses, qui sont le pain de l'ouvrier; non pas des fortifications et des bastilles, mais de vastes salles et pavillons pour remplacer les masures et décombres qui déshonorent les abords du château et empuantissent le centre. Quels plans suivra-t-on? Quel argent y mettra-t-on? Combien l'entreprise durera-t-elle? C'est sur ces points, ami, qu'on cesse d'être d'accord, sur ces points qu'on manque de résolution ou de lumières. Je tâche d'y suppléer. J'étudie la question; je ne tranche point, je propose. Je jette de côté tout ce qui me gêne; je ne tiens compte ni des cris de M. Léon de Laborde, ni des mordantes railleries de l'ardent bibliophile Jacob, que j'estime, que j'aime et que je combats par conscience et par conviction. J'écarte tout d'abord le *service circulaire* de M. Delessert. J'ai donné en province le programme d'une bibliothèque à laquelle on applaudit; j'ai dirigé en France, pendant quinze ans, l'administration des bibliothèques du royaume; j'ai visité la plupart des bibliothèques de l'Europe, et je ne me présente pas après cela comme une autorité irréfragable, mais comme ayant des souvenirs, de l'expérience, et pouvant, sans trop de vanité, me permettre d'offrir pour Paris et son Louvre, et son grand dépôt littéraire, un projet qui, je l'espère, aux hommes dégagés de tout parti pris d'avance et de toute passion, paraîtra de nature à concilier les mille et un intérêts qui, dans cette opération, se croisent et se contrarient; je prie qu'on ne le repousse pas sans discussion.

Si je trouve d'amers critiques pour le ton et la forme de cet écrit, vous, Darreste, du moins, vous m'excuserez de donner avec des développements l'opinion que je me suis faite sur cette double masse de bâtiments de la rue de Richelieu et des rives du fleuve, qui datent de si loin, couvrent tant de toises du sol et qu'il devient si nécessaire de coordonner, d'employer et d'approprier enfin, sans prodigalité, mais sans lézinerie, à des établissements d'utilité privée ou générale, selon leur position, leur valeur, leur aspect et les inconvénients ou les avantages qu'ils présentent ou promettent.

L'histoire du Louvre, artistique ou matérielle, est dans plus de cent volumes de tout âge et de tout format. Mais son histoire philosophique, bien faite, serait celle de la monarchie, celle de la société. Les monuments suivent les événements; ils naissent et se façonnent comme eux; on construit comme on pense, comme on règne; les formes du gouvernement, la fortune ou la misère des peuples, l'ignorance ou la science, l'esclavage ou la liberté, la chaîne ou l'essor de l'industrie, sont écrits sur les murs des tours et forteresses, des églises et tombeaux, des bagnes et prisons, des hôtels et des théâtres, des hôpitaux et des boutiques. C'est une manière nouvelle de concevoir le tableau des siècles et le progrès des institutions. Etienne voulait que l'histoire fût dans la comédie; Scribe l'a cherchée dans les chansons; je la trouve dans l'architecture, dans les distributions, les chapiteaux et les corniches. L'art, humble aux premiers temps, s'enhardit et se pare. Les besoins qui s'étendent amènent les inventions. Le Louvre est sorti d'une forêt épaisse, qui se déroulait de Paris jusqu'à Poissy et à Mantes ; il s'est élevé au milieu des défrichements, comme la civilisation s'est fait jour, en perçant, avec ses yeux d'aigle, les ténèbres de la barbarie ; en déchirant, de ses serres aiguës, le bandeau de ses superstitions.

Il est, vous le prétendez et je n'en puis tout à fait disconvenir, il est mal aisé d'établir dans ce monde un ordre qui fonctionne, et se fonde et subsiste, si l'on se renferme avec scrupule dans les limites du bon sens et de la bonne foi. Il est difficile d'avoir un code qui ne heurte pas, en un point ou en un autre, les lois de la nature, et qui ne soit pas tributaire des âpres censures de l'exacte raison. Il manque toujours (je vous l'accorde) quelque chose à l'organisation politique la mieux combinée, comme aussi, à l'édifice érigé suivant les prescriptions de l'art le plus ingénieux, et, après tout, le plus arbitraire, il manque toujours de satisfaire à une infinité de conditions les plus vulgaires, de la proportion rigoureuse ou de la sûreté. Rien n'est irréprochable dans le cercle de l'architecte ou du moraliste, et le Louvre lui-même, tant prôné, n'étale ses merveilles qu'à côté des plus étonnantes imperfections.

Ce palais est inhabitable dans nos mœurs actuelles. Il n'a ni avant-corps, ni jardins, ni dégagements, ni basses-cours. Les Tuileries mériteraient une bonne part de ces reproches, mais je les laisse aujourd'hui pour m'occuper de leur frère, et me renfermer dans le Louvre qui m'offre bien assez de fautes à relever. Il n'a d'issues qu'incomplètes et incommodes, sur plusieurs de ses faces, et je comprends très bien qu'au lieu de songer à s'y établir, l'empereur, quand il pensait à se faire une résidence ou quand il bâtissait pour son fils, quand il croyait qu'il fondait une dynastie et qu'il aurait une postérité ; je comprends, dis-je, qu'au lieu de s'arrêter aux demeures incommodes de la troisième race, il ait jeté les yeux sur Chaillot, afin de tailler en plein drap, et d'avoir en plein air une demeure agréable et saine, qui se liât avec les coteaux de Passy, le bois de Boulogne, et ne s'embarrassât pas dans les quartiers bruyants du négoce, dans le tumultueux labyrinthe de l'incessante et fatigante circulation.

Il s'est élevé des disputes sur l'origine, le fondateur, le premier maître, le premier nom, la première destination de ce monument, aujourd'hui magnifique, quoique dégingandé, et qui ne fut dans le principe qu'une cabane de chasseurs. Cette cabane, ce rendez-vous de chasse, cette hutte et ce repaire, devint un donjon féodal. Tout ce qui était plaisir était guerre aussi ; on s'amusait armé. Le donjon, acquis par le prince et réuni à la couronne, était séparé de la ville par une prairie et des fossés ; il était là, pour la royauté, non loin de l'île du Palais, de l'île Notre-Dame, comme une sentinelle ou une retraite, selon les phases accidentelles, selon les crises, selon les chances bonnes ou fatales, par lesquelles passait le pouvoir. Ce *fort détaché*, plutôt menaçant pour les grands que pour les petits, ne fut joint que tardivement à l'agglomération, informe à la fois et pittoresque, des maisons du bourgeois de Paris. Le Louvre, avec ses tours inégales, ses créneaux, ses machicoulis, ses courtines, était l'enseigne du stabilisme, auprès des soulèvements continuels d'une population qui ne vivait et ne s'encourageait que par l'action, l'essai, les tentatives ; c'était un point noir et sombre qui contrastait avec les habitations plus modestes, mais sans cesse renouvelées et reblanchies qui se groupaient et se pressaient autour de ses barrières.

François Ier, d'érotique et d'héroïque mémoire, voulut tout démolir au Louvre pour tout refaire. C'était un homme singulier que celui-là : fougueux et poli, brave et hypocrite, généreux et persécuteur, qui favorisait les peintres, pensionnait les poètes, adorait les femmes, brûlait les huguenots, perdait des batailles ; grand remueur d'affaires, grand ferrailleur, grand coureur d'aventures, un grand et immortel fou ; il croyait ne donner l'impulsion qu'aux arts, mais, dupe de ses illusions, il entrait dans les vues de son siècle et pliait aux idées de l'époque, quand il s'imaginait tout réduire, tout soumettre à son caprice et à son joug. Les rois, plus que les autres hommes, sont le jouet de la destinée ; les riches, plus que les gueux, se laissent emporter dans le tourbillon.

Les esprits firent un pas de géant. Ils dormaient depuis près de mille ans ; tout à coup ils se réveillèrent. Tout se transforma comme par la baguette d'une fée. Le faste de la cour, ordinairement funeste aux familles, servit par exception à l'affranchissement du pays. Tout ce qui respirait y prit part. On ébranla toutes les coutumes et avec elles toutes les croyances ; on renversa les systèmes de liturgie, de jurisprudence, d'architecture, et, quand le règne finit, par un mal qu'on ne peut nommer et par un scandale, dont Brantôme (l'abbé) n'a pas manqué de faire le récit, il n'y avait au Louvre, et dans l'Eglise, et dans nos constitutions et nos chartes, rien que d'incohérent et d'inachevé ; il n'y avait que cahos et désordre ; mais l'élan était donné, la ligne était tracée, la lice était ouverte, le frein était rompu ; et ce ne fut que par des causes fortuites, par des circonstances légères, que la grande et inévitable réforme, dès ce temps-là aperçue et prédite, fut remise à un âge plus vigoureux et plus mûr. Les révolutions se préparent dans le recueillement et le silence, et ce sont les rois eux-mêmes et leurs conseillers, qui, par une série de faux calculs, en alimentent le foyer, en précipitent l'explosion.

Voyez les faits qui se suivent et s'enchaînent : à des jours brillants et féconds, succèdent des nuits stériles et obscures. François Ier

tient le milieu entre le chevaleresque pur et le libéralisme déclaré, entre le vieux monde et le nouveau, entre la routine insoucinante et l'indépendance agitée. Après lui les rois se plongèrent dans le sang et la fange qu'ils nommèrent des voluptés. Le vice se para du diadème et insulta à la pudeur : le peuple irrité des abus et des obstacles, franchit le pont, brisa les digues et, gagnant de vitesse ses maîtres, il les laissa derrière lui, surpris de leur défaite, embarrassés d'une puissance disputée ou méconnue. C'est le sort des princes présomptueux et aveugles, le sort de ceux qui ne sont pas inspirés par le sentiment de la justice ; conduits par le flambeau de la vérité : ils s'amusent et s'égarent en chemin, et on les devance ; ils sèment l'erreur et ne recueillent que la dérision ; ils plantent leur drapeau sur le sable et on le renverse.

Sous Charles IX, que de scènes au Louvre! Passez, passez sous ces voûtes royales : que de machinations, de complots, d'orgies ! L'émeute est chez des favoris, l'anxiété chez les seigneurs ; le mal vient du dedans et trouble le dehors ; on conspire au palais et les serpents de la sédition se nourrissent au cabinet de bains de la reine.

La reine, c'est Catherine, la plus astucieuse et la plus effrontée des Italiennes ; elle a un conseil, un vrai sabbat qui rappelle dans l'ombre les drames fantastiques du Dante et broie des couleurs pour la palette de Milton. Ses fêtes du Louvre sont des cabales d'antropophages ; on forge des chaînes, on creuse des fosses, on aiguise des poignards, on distille le poison, puis on mêle tout cela de ballets et de mascarades. C'est l'heure de la Saint-Barthélemy ; on sonne le tocsin, on égorge. Bien ! bien, le dieu de Rome approuve ; le dieu que fait le clergé à son profit et à sa guise, et qu'il désavouera plus tard ou confirmera selon le cas et l'urgence. Le roi, confessé et poussé, finement et secrètement, saisit son arquebuse et l'ennemi du pape tombe sous le plomb béni. Avec ces horreurs dégoûtantes on charpente des opéras, on compose des sermons et pas une chambre du Louvre qui n'offre une image prête au cynique faiseur de libretti, aux moines prédicateurs de jubilé ou de carême, aux intrépides défenseurs des pieux massacres.

Voici la salle des cariatides, prodige de l'art, antre du crime : on y tient l'assemblée de la ligue où la présidence est au bourreau. Riez ! riez, comte de Maistre !

Voilà les mignons de Henri III ; ils défilent sous ces portiques avec leurs gonfanons et leurs bannières. Leur turpitude effrénée, forte du sceptre et de la couronne qui lui apportent leur appui, a rédigé avec audace l'ordre et la marche de ces fanatiques impuretés.

Au Louvre, dans cette même salle qu'avait décoré Jean Goujon et que devait après deux siècles réinaugurer l'Institut, dans cette salle basse fut ramené Henri IV, que venait d'assassiner Ravaillac : « Tous les soirs il y avait au Louvre, comité chez madame la reine et régente, Marie de Médicis: à l'entresol, grande clarté; l'or brillait dans les draperies et les franges; surtout la joie était vive dans les yeux, la voix et le langage des Concini et affidés. Tandis qu'à l'étage supérieur, où étaient les appartements d'apparat, et les salles de réception, il régnait un deuil d'étiquette qui fut long-temps entretenu, mais qui pourtant laissait des doutes sur les sentiments intérieurs de personnages d'importance contre lesquels, tout bas, on glosait et l'on murmurait. » Je tire ceci d'une analyse des mémoires de Sully, faite par une femme d'esprit qui n'a pas voulu être nommée.

Henri IV, assemblage inouï de vertus et de faiblesses, libertin comme son père Antoine, véhément et persévérant comme sa digne et adorable mère Jeanne d'Albret; Henri IV qui trahit ses deux femmes, donna une méchante éducation à son fils et ne rêva qu'au bonheur du pauvre; Henri qui se moquait du père Coton comme Louis XIV se moqua depuis de Bossuet et du père Lachaise, avait fait bâtir plus de vingt pavillons et châteaux pour l'une de ses quarante maîtresses, la belle et volage Gabrielle d'Estrées. Il l'avait dotée et habillée aux dépens du peuple qu'il aimait, et le tout, non sans remords. Comment ce roi, aussi bon que jamais roi put l'être, ne céda-t-il pas aux représentations du ministre qu'il serrait dans ses bras comme un ami : « Si tout l'argent de ces folies galantes (écrivait le grand-maître de l'artillerie en son retrait de l'arsenal), si tout cet argent eût été répandu au Louvre et affecté au parachèvement du palais, on eût mis fin en peu d'années au corps de logis et galeries, tel que le plan en avait été conçu, revu et contrôlé, par gens habiles et maçons expérimentés. »

Sully reconnaît qu'à l'époque où il était *super-intendant ès matières militaires et civiles*, il avait déjà appliqué au Louvre (en argent réduit au cours), plus de vingt-cinq millions. Cinq ou six millions ou huit tout au plus lui semblaient suffire pour disposer, ou meubler, mettre en état de maison souveraine, *ce grand concours de bâtimens divers et irréguliers*. Huit millions d'alors faisaient trente millions de ce temps ci. Le ministre supputait juste et le malheur voulut qu'il ne put mettre la dernière main à l'œuvre qu'il avait si bien dessinée. L'argent était aux coffres de la Bastille, on le peut voir en ses *économies*. Au lieu de songer à une guerre générale (aigri qu'il était par une passion adultère), si le roi eût mis à profit les loisirs d'une généreuse paix, il eût vécu peut-être, les jésuites ne l'auraient pas fait tuer, il n'eût pas donné prise à ses ennemis, ses vœux de bien public eussent été exaucés et ses trésors n'auraient pas, après lui, été dilapidés par des prostituées et des empoisonneurs.

Si Henri IV eût vécu! Ah! quelle parole! Se fait-on l'image d'un tel règne qui assez se prolonge pour porter tous ses fruits! Se figure-t-on quinze ans de grâce accordés par le sort à un tel prince, pour être consacrés aux grandeurs et aux joies de la patrie? Henri fut deux fois protestant, deux fois catholique; il eût peut-être institué un troisième culte, pris des deux autres, au-dessus des deux autres, le vrai culte, le culte du vrai qui épure tout, qui mène à tout et qui s'inspire de toutes les hautes pensées, comme aussi il les inspire toutes! Il eût reformé l'État jusque dans ses fondements, il eût puni les gros voleurs, châtié les fourbes, fondé le pouvoir enfin sur les principes sacrés de l'équité, de la valeur, de la compassion et de l'amour!

Dacier et sa femme pleuraient Homère! et une femme d'esprit, qui habite Angers depuis peu, me disait hier : « Je pleure quand je » pense à la mort de Corneille, à la mort de Molière, à la mort de » la marquise de Sévigné; je fonds en larmes quand je vois tomber » et s'anéantir tant de beaux génies, qui, pour l'honneur de mon » pays, auraient dû éternellement vivre ! » Et moi, je le déclare, par un sentiment pareil, je pleure amèrement quand je songe à cet horrible fer qui perça le cœur de Henri IV, et qui le fit cesser de battre à l'heure, à l'heure où peut-être, par un mouvement de bonté, de grandeur et de vertu sainte, il allait, renonçant aux guerres, renonçant aux passions folles, pousser vivement la France dans ces voies de progrès où elle n'est qu'à peine entrée après trois siècles!

Mais que les projets les plus sages rarement arrivent à bien! Henri IV périt, Sully mourut ensuite, Louis XIII fut chassé de Paris, il se réfugia à Saint-Germain-en-Laye et rien ne se fit plus au Louvre que sous le ministère de Colbert. Que d'intrigues pour faire bâtir la colonnade! il faut lire dans les papiers curieux récemment classés à la bibliothèque du roi par Champollion-Figeac et ses collègues, toutes les menées de bureau et d'architectes qui eurent lieu lors de cette construction. Ce fut un médecin qui, cautionné par un commis, l'emporta sur les gens du métier. Un médecin de nos jours a géré l'opéra et de telle façon qu'au lieu d'y perdre comme ses devanciers qui travaillaient au compte du budget, il y a gagné un demi-million. L'autre médecin Perrault, fit ces colonnes accouplées qui furent le fondement et le symbole de son opulence et de sa renommée. Il agissait à la mode du temps: somptueux dehors et masque admirable; au dedans rien que d'incomplet et de faux. On n'avait pensé qu'à l'étalage et c'était comme une figure postiche qu'on avait plaquée et ajustée sur un corps usé et décrépit.

Louis XIV qui avait ordonné et payé cette décoration ne la vit point; Colbert ne la vit pas davantage. Louis XV ne se trouva en face d'elle que par hasard, en 1766. Il en fit compliment à son directeur des bâtiments, Marigny, et signa, deux ans après, le 4 janvier 1768, un plan d'achèvement des façades, passages et galeries, qui fut contrecarré par le premier ministre et les maîtresses. Le ministre ne voulait pas qu'on ornât le Louvre et les Tuileries, afin que le roi n'eût pas la fantaisie de quitter Versailles, où il était plus facile de ne l'entourer que de gens gagnés et stylés, et dont on était sûr. Les maîtresses voulaient qu'on n'employât l'argent qu'à leur toilette. Soufflot éleva cependant la façade de la rue du Coq, et puis on termina celle de la rivière.

On faisait des murs, mais les salles restaient vides. C'était une ville sans habitants, un squelette sans âme. Les choses en étaient là quand apparut Napoléon; à son tour, il y jeta de l'or et du ciment; il fit gratter et recrépir, il changea la marque et le cachet, le chiffre et les devises; il fit des frontons et des frises, mais d'achèvement réel et de destination, il n'y en eut point. Officier d'artillerie, on avait vu Bonaparte qui, plus d'une fois était venu méditer sous les portiques du Louvre; premier consul, il ordonna que l'exposition des produits de nos manufactures aurait lieu dans la cour, et dans des baraques adossées aux pilastres; empereur, il rendit plus de vingt décrets, pour élever ce cadavre à l'état de raison et de vie, mais il y échoua, et ne fut pas plus heureux dans ses palais d'Archives, d'Institut, d'Université, de Ministères et du Roi de Rome. Tout s'entama, et rien ne finit. On posa les premières pierres, mais point de faîtes. Les rois passent, et leurs plans demeurent en l'air comme des pierres d'attente; il y a donc un mystère dans ce Louvre et ses galeries, qui en fait comme un écueil où toutes les volontés s'ébrèchent, s'émoussent et s'épuisent; où toutes les forces viennent s'amortir et se briser. On entasse les moëllons et les marbres, on enfouit lingots sur lingots, on peint, on sculpte, on multiplie les efforts et les chefs-d'œuvres, et pour qui? dans quel but? à quelle intention? à quelle fin? on ne sait. Tantôt on y met le conseil d'État, tantôt on y veut rassembler des ambassades, à présent, où en sommes-nous? Je vois là des musées, mais qui ne semblent que provisoires, et qu'on place, qu'on déplace, qu'on fait mouvoir comme des poupées de carton, et qui n'osent se vanter d'arriver jamais à un arrangement définitif. C'est le tonneau des Danaïdes, où l'on verse toujours et qui ne se peut emplir. Récapitulons un peu : on a vu là des loups, des chiens, des piqueurs, des prisonniers; il pourrit dans les cachots et dans les caves, des protestants, des financiers, des femmes, puis au-dessus, on prépara des logements pour les princes étrangers; Baudouin et Charles-Quint y résidèrent; la cour de France y campa au milieu des échafauds, et y scella de son sang et de ses pleurs le seuil des portes, la dalle des vestibules, le pavé des corridors. Mais depuis les enchantements de Versailles et de Marly, le Louvre, veuf de ses splendeurs fut abandonné aux artistes, quand il ne fut pas envahi par les courtisans et les valets. On y appela sans choix et pêle-mêle, toute la mendicité privilégiée, et l'on ne saurait se figurer dans quel délabrement, dans quel mépris était tombé le palais, en 89, quand du bout de l'horizon fondit la tempête qui anéantit le trône; quand rugit la colère du peuple, et que s'ouvrit *l'Ère de la régénération!*

Le Louvre avait l'air d'une auberge dont le maître est imbécile ou mort. Les cours, les escaliers, les avenues, tout était d'une saleté affreuse; dans les premiers jours de la crise, le palais fut une caserne, et ce fut merveille que l'on n'y mit pas le feu. Peu à peu l'ordre revint, mais quelle misère! quel semblant d'intérêt public, qui couvrait de son vernis l'avidité et l'égoïsme! Chacun tirait de son côté, à droite, à gauche, et c'était à qui se ferait le meilleur lot. J'ai eu entre les mains l'état des concessions qui furent faites à ceux qui en réclamèrent : un livre publié, un ouvrage exposé, un prix obtenu, un discours prononcé dans une société borgne, c'en était assez pour avoir un appartement au Louvre; on s'y casait sur la recommandation d'un représentant ou d'un tribun, d'un clubiste en faveur, ou du plus mince des secrétaires de l'un de ces pouvoirs, enflés et suprêmes, qui apparurent et s'évanouirent, comme des étoiles filantes, dans l'espace de vingt années.

Les titulaires des logements accordés depuis la cave jusqu'au comble, s'étaient emménagés de la manière la plus originale. Le mérite absolu des gens n'entrait pour rien dans le nombre et l'ampleur des pièces accordées. La distribution était faite de caprice, et comme on jette aux enfants des dragées en un jour de baptême. Chaque angle de la cour était devenu un monde; chaque étage était une république; chaque salle, morcelée souvent en cinq ou six compartiments et travées, donnait asile à une famille de sages ou à une bande d'écervelés. La philosophie et la gaîté, la mélancolie et l'indolence, vivaient sous le même toît, côte à côte, séparés seulement par une cloison, et non pas toujours en bonne intelligence. Le surveillant de cette colonie avait grand besoin de patience et d'aplomb, pour se tenir calme et ferme au milieu des raffales du jour, des volcans de la nuit. Le poète Lebrun était réfugié au Louvre, il y était bien doté, bien loti, son ode du *Vengeur* l'avait fait traiter avec munificence. On n'arrivait chez lui qu'en se glissant par d'étroits passages, mal éclairés, au risque de se casser le cou; mais une fois parvenu au salon, c'était un temple : il y avait des rideaux rouges, des verts, des draperies, des girandoles, des cassolettes, où brûlait des parfums devant les bustes d'Apollon et de la Vénus;

puis des tableaux de Vierge et des paysages ; c'était le mélange de tous les olympes, de toutes les adorations. Le poète s'inspirait de tout, et attirait à ses soirées des esprits et des voluptés de tous les étages ; ses réunions étaient célèbres : Les dames Beauharnais, (Joséphine et Fanny), Mme de Staël, Mme Tallien, Mme Hamelin, Mme Hinguerlan, toutes y allaient ; Mme Tallien y menait Coupigny, le pêcheur et faiseur de romances ; petit homme frétillant comme un poisson, poudré comme une perruque, espèce de singe mignard, coquet, aimé des belles, et qui les enchantait par ses contes, ses madrigaux, ses cajoleries. Il entra par les femmes, dans un ministère où il eut le grade de chef, avec un gros traitement, qui l'aidait à donner des déjeuners copieux à ses camarades de boudoir et de pêche. Au demeurant, excellent garçon, gai jusqu'à la fin, et distribuant aux derniers temps de sa longue carrière, distribuant dis-je une forte part de ses revenus à de malheureux chanteurs des rues qui mouraient de faim, ou bien à de pauvres filles et veuves, à de vieilles actrices, ou même à des ouvreuses qu'il avait connues dans les différents théâtres, dont il était le défenseur et le pilier.

Lebrun avait de grands jours et de petits ; après sa grande vogue, il fut abandonné, surtout à partir du moment où comme Dufrény, comme Jean-Jacques, comme Vauquelin, comme Buchoz, comme Delille, comme tant d'autres savants ou artistes, il se fut avisé d'épouser sa servante. Il fit ses noces sans bruit, en un cercle d'intimes, et dès lors naturellement il vit moins de monde, le tour de son esprit devint aigre, plus aigre, il ne lança que des épigrammes, et en voici une qui, certainement n'a pas couru ; elle n'est dans aucun recueil. Je la tiens d'une bouche qui l'a reçue de la sienne. Valait-elle la peine d'être ramassée ?

Sur un gros capitaliste.

> Quel est cet homme au plat visage,
> Qui vient là bas court et dodu ?
> C'est un tout petit personnage,
> Qui passe pour un grand c...

Quand Lebrun eut adopté ce genre, et qu'on ne l'approcha plus sans être mordu, il vit son élysée se transformer en solitude, on le laissa rimer et bouder, et l'on se moqua de lui et de sa femme, qui n'en vécurent pas en meilleure intelligence. Un homme cependant, alors jeune encore, M. de Châteaubriand, rentré en France après de longues traverses alla au Louvre, et se prit d'un goût assez vif pour Lebrun. Il raconte quelque part, qu'allant voir le poète avant midi, il le trouvait au lit, ou à peu près, entouré d'assiettes, de pots, de bouteilles; là le fromage, là le peigne, un grand désordre, et toujours une haleine prête à débiter les strophes faites dans la nuit. Il les disait avec enthousiasme, oubliant que le café allait refroidir, et que le coiffeur impatient, attendait, en maudissant les vers et dithyrambes, qu'il lui fût possible d'achever la frisure ou la barbe du Pindare ébouriffé.

Grandménil et Talma furent logés l'un près de l'autre, et menèrent tous deux un train de vie différent. Grandménil n'aimait que Molière, il le savait par cœur tout entier. Jour et nuit, en dînant, en se promenant, il citait et répétait des tirades, non pas des rôles de son emploi uniquement, mais de tous les rôles. Souvent le soir il se mettait à jouer tout seul, ou le Festin de Pierre, ou l'École des Maris, ou Tartuffe, ou les Fourberies de Scapin, devant sa cuisinière, qui avait été sa nourrice, et qu'il traitait (selon son expression), comme une *amie inférieure*. Il jouait l'homme, la femme, le vieux, le jeune, le père, l'amant, le valet ou le raisonneur, et le tout avec un sel, un naturel, un comique qui faisait pouffer de rire son *auditoire*.

Talma avait de grandes salles qui se commandaient, et qu'on parcourait d'un bout à l'autre pour arriver jusqu'à son cabinet qui était mystérieux, sombre, et dans lequel il se tenait comme un sophi, en longue robe, en pantoufle jaunes, un foulard sur la tête roulé en turban, méditant sur le tour et la couleur à donner aux scènes du jour. Il ne fut pas longtemps au Louvre, on lui donna un des pavillons de l'Odéon, et il y alla d'abord fort empressé, avec la charmante madame Vestris qu'il avait pris pour femme; à peine mariés, ils se quittèrent, et eurent chacun leur hôtel aux deux extrémités de Paris, de peur de se mordre. Talma, (comme il disait) rendu à la libre disposition de son temps, de ses goûts, de ses forces, de sa personne, eut à Brunoy un château où il se ruina en constructions et ameublements pour lesquels il avait une recherche que rien ne pouvait ni modérer ni satisfaire. A part son inconstance, il était plein de bonté, d'instruction, de génie; il se servait de son influence pour faire avoir des brevets de théâtre à d'anciens camarades, et des secours du ministère à de pauvres actrices qu'il n'avait pas même eues pour maîtresses. Il aimait Ducis comme un frère, Delavigne et Delaville aussi; au comité de lecture, il était pour les gens d'esprit d'une politesse et d'une bienveillance qui s'étendait jusqu'à très ennuyeux rimailleurs, toujours prompts à abuser, et qu'il nourrissait et habillait quand il n'avait pu faire recevoir leurs comédies.

Girodet, Gros, Guérin, Gérard, à leur retour d'Italie avaient eu leur atelier sous l'aile de David et de Regnault leurs maîtres. Ils s'estimaient entr'eux, et ne s'aimaient guère. Ils étaient des jours, des semaines, des mois sans se parler, sans se saluer : pis que des Chartreux. Girodet surtout aimait à se singulariser, à s'isoler, il travaillait de préférence la nuit, aux lampes, et jettait sur sa toile un rideau qui ne laissait voir que le coin du tableau qu'il était dans le moment à peindre. Il avait une grande idée de son art, une grande idée de lui-même. Son art, il le connaissait bien, il en avait fait une profonde étude, et dans le poëme du *peintre* qu'il avait composé, il avait, avec un puissant effort d'analyse, passé en revue tous les ouvrages capitaux de l'école antique et des modernes. Quant à l'idée grande qu'il avait de son talent, elle était juste. Sa palette était riche et son pinceau rapide, abondant, sublime. Il avait le défaut de se plaindre incessamment qu'on ne l'appréciât point assez. Il n'était content d'aucune expression de louange, et la plus simple observation était à ses yeux, d'une malveillance odieuse. Confiant et doux dans l'intimité, à une table étroite ; et plein de naïveté quand il pouvait en toute liberté ouvrir son âme, il devenait bourru, maussade, insupportable si on le menait dans le monde à étiquette, et qu'on le poussât dans un salon de parvenus qu'il haïssait. Il n'était pas beau de figure, mais bien fait et assez grand de taille. Quand il devait dîner et paraître aux Tuileries, ou chez un ministre, il étalait ses habits sur un fauteuil, et ne se déterminait qu'après mille hésitations, pour le noir, pour le bleu, pour la culotte et pour la veste. S'il avait des travers, il avait des vertus ; son caractère était élevé et généreux ; je l'ai vu dévoué, compatissant, prêt à soulager tout ce qui souffrait, et voulant être utile à ceux mêmes qui ne pensaient pas à s'adresser à lui. Cependant par une contradiction inconcevable, il se défendait mal des mouvements de l'envie. A l'annonce des succès de quelques-uns de ses émules, il entrait dans des accès de colère qui ressemblaient à de la frénésie. La nomination de Gérard à la place de *premier peintre*, fut un des traits qui le frappèrent au cœur. Il ne revenait pas de ce qu'il appelait un passe-droit, une injustice, une infamie, il s'en expliquait à tout propos, avec une intarissable aigreur, et malgré tous les raisonnements qu'il se put faire, cette mesure, on le peut dire, fut un de ses vers rongeurs, et une des causes principales de sa fin prématurée.

Gros avait été soldat, il en avait le ton ; il était brusque, franc, rude, plein d'ardeur et de verve ; prêt à dire à ses confrères des vérités qu'ils n'étaient pas jaloux d'entendre. Il professait une sorte de culte pour David, le grand David, son maître et il ne souffrait pas plus que Girodet, sans grommeler, qu'on lui eut dans la charge de premier peintre, donné un successeur, un seul !

Quand David mourut, il aurait fallu faire quatre premiers peintres, comme il y avait quatre capitaines des gardes et pourquoi pas cinq ? Pourquoi pas Prud'hon qu'ils dédaignaient alors; qu'ilsappelaient mou et fade et de qui les tableaux se vendent à l'heure qu'il est dix fois mieux que les leurs? mais le prix ne fait rien. La mode s'aveugle! on en reviendra; on rentrera dans le vrai. Tous les hommes de l'empire, tous avaient leur génie, tous auront leur éclat. Entre les tableaux de Gros, celui qu'il aimait le mieux, c'était la *Peste de Jaffa :* « Avant d'en commencer un autre, me disait-il, je me pose » en face de celui-là et je le regarde! » Cette toile, en effet si belle, était sa muse inspiratrice.

Sous la restauration, aux premiers jours, on l'avait retournée, la peinture à la muraille, et l'artiste exaspéré voulait aller derrière et la percer avec un couteau. Heureusement il n'en fit rien et quand la raison revînt au pouvoir, la *Peste* fut portée au Luxembourg, puis ramenée au Louvre où elle efface tout ce qui l'approche.

Guérin avait chez lui sa mère; il vivait avec elle comme le plus respectueux et le plus tendre des fils. Il était d'une santé faible et il se ménageait de toutes les façons, mais pas assez encore, car, sous une apparence de froideur et de calme, il avait des passions vives, qu'il ne parvenait pas toujours à maîtriser. Il eut une femme, une *Fornarina* qui lui causa, comme toutes font, bien des joies, bien des peines. D'un esprit fin et délié, il écrivait fort purement sur la peinture et, quand à ses tableaux, ils étaient comme autant de poëmes, dont il avait longtemps avant l'exécution, mûri dans sa pensée, les tons, l'expression, les poses.

Gérard avait l'humeur changeante, irrésolue. Il était d'une susceptibilité incroyable; on le comparait à bon droit à une sensitive. D'où venait une telle faiblesse et qu'avait-il à craindre? Un rien l'offusquait; un rien le blessait et quand il était tombé dans ses accès de marasme il n'était pas facile de l'en tirer. Il avait du bien, il avait maison de ville, maison de campagne, on le recherchait, on le fêtait, sa femme, ses maîtresses, ses élèves étaient pour lui aux petits soins. Que lui fallait-il encore? il possédait à un haut degré tous les genres de mérite : la composition et la couleur, l'énergie et la grâce. Il avait de l'esprit, de l'instruction même; en faisant le portrait de tous les hommes éminents de son époque, de toutes les femmes célèbres, il avait puisé dans leur entretien et dans mille relations distinguées qu'il s'était faites, des idées justes, étendues, variées, sur les mœurs, les principes, les caractères, les cours, les familles, les peuples; il causait bien, il peignait facilement, il avait prodigieusement travaillé et rien que de ses ouvrages on eut pu faire un musée. Un jour il lui vint à l'esprit de quitter la France et de s'en retourner en Italie où il était né. Il en parla à M. Decazes, alors président du conseil des ministres, qui lui dit : « Fort bien, » allez revoir Rome; mais, à condition que vous nous reviendrez.

« Promettez-moi d'être ici dans un an et je me charge de toutes vos
» dépenses. » Gérard, promit tout ce qu'on voulut ; il ne devait
pas prendre la direction de l'école française, établie aux bords du
Tibre, et placée depuis peu dans la villa Médicis, mais il voulait y
jetter un coup-d'œil et donner son avis sur les améliorations qu'on
pourrait faire ; surtout il avait mission de marquer les tableaux des
grands maîtres que devaient copier nos élèves pensionnés, afin
qu'avec ces toiles on pût fonder à Paris une galerie spéciale, d'un
genre nouveau et certainement utile. C'était donc une affaire d'état
et un voyage d'agrément qui portaient Gérard au delà des Alpes.
Il partit bien accompagné, mais à peine était-il à Fontainebleau
que l'ennui le saisit et que les embarras et le déplacement lui de-
vinrent insupportables : « Halte ! halte, crie-t-il au cocher, tourne
» bride et reprends la route de Paris. » En effet, l'artiste rentre avec
tout son monde, dans cette ville élysée, séjour unique et délicieux
où (sauf quelques heures d'exception fort rares) il sut faire mar-
cher de pair, avec une dextérité et des chances extraordinaires, la
fortune, la renommée et le plaisir !

J'ai dîné souvent à sa maison d'Auteuil avec MM. de Humboldt,
Kératry, Magendie, j'ai vu à ses thés et à ses tables de jeu mesdames
de Bawr, de Salm, et de Lasteyrie ; j'ai dansé à ses bals avec Mars et
Pasta, en vis à vis des Montmorency et des Guiche ; j'ai entendu à
ses concerts la Catalani, et Cinti et Lavasseur, et Bordogni, Barilli
et sa ravissante femme, Paër tenait le piano, Baillot jouait du violon.
Les arts, les sciences, les lettres se donnaient le bras chez Gérard :
on y voyait des princes, des maréchaux, des vaudevillistes, des
soubrettes. Le mercredi était le jour des réunions. L'hôtel était rue
Bonaparte n° 6, on mit la plaque rue *Saint-Germain-des-Prés*, sous
cette pauvre et stupide restauration, qui ramenait le ciel sur la
terre ou plutôt l'enfer et y faisait le sabbat. Nous sommes dépêtrés
du régime, à peu-près, mais les saints sont demeurés aux coins des
rues. Quand à Gérard on n'arrivait chez lui que vers dix ou onze
heures, après l'opéra, on servait des gâteaux et des glaces à une
heure après minuit et l'on allait se coucher de deux à trois heures.
C'était la fine fleur de la société parisienne : du goût, de l'esprit,
du savoir-vivre, une aisance parfaite, point de rangs, point de
morgue, une égalité douce, une exquise politesse et tout ce qui
donne enfin du charme à une soirée.

Je veux dire pourtant qu'il y avait quelques ombres ; il y avait
un Danois et un Juif et deux ou trois autres gens de savoir, mais
fatigants, mais sourds, qui ne savaient ni se tenir, ni se vêtir, ni
entrer, ni sortir, qui pesaient sur les épaules et qu'on aurait voulu
à mille lieues. Il se perdaient dans la foule, et même, après tout,
en passant sur leurs tristes formes on trouvait encore dans leur
conversation à apprendre et à glaner.

Me voilà bien loin du Louvre, il y faut revenir. En disant les noms, j'explique les personnes, j'écris les particularités qui me reviennent à l'esprit et j'enfile de la sorte, des mots, des lignes, sans trop marchander. De Wailly avait été de l'Institut lors de sa création sous le Directoire, en l'an IV. Architecte du palais, il y eut son logement et y monta une bibliothèque d'ouvrages rarissimes. Il y avait de grands portefeuilles pleins d'ébauches, de dessins, de lavis qu'on ne trouvait que là; puis de la musique ancienne, d'église et de théâtre, des partitions complètes d'auteurs maintenant perdus et inconnus; l'érudition, la philosophie, les sciences exactes, les voyages tout avait dans cette collection précieuse, sa place distincte et beaucoup d'éditions originales, ou tirées à petit nombre; c'était un trésor. Quand de Wailly fut mort, sa veuve épousa Fourcroy et le chimiste prit à la fois possession de l'alcôve et des livres. Il y fit fête et sa renommée bientôt tua celle du défunt.

Dès que Fourcroy fut nommé directeur général de l'instruction publique, il dit adieu au Louvre et emporta toutes ses richesses. MM. Percier et Fontaine (si mes souvenirs ne me trompent pas) héritèrent de son logement. S'ils ne vivaient pas du même régime, ce que j'ignore, ils étaient du moins ensemble pour les relations habituelles et les travaux, comme deux frères tendres. Au lieu de se déchirer comme faisaient les peintres, ils se prônaient, s'entr'aidaient dans leurs opérations et donnaient un exemple qu'il eût été à souhaiter qu'on eût plus généralement suivi au Louvre. On a cru faire une malice en disant que l'un faisait les dessins, l'autre les visites; que l'un choyait les ouvriers, l'autre les ministres, mais ces traits s'émoussent sur des réputations si noblement établies. J'ai vu moins souvent ces deux hommes que je ne l'eusse voulu, mais je les ai connus assez pour affirmer que leur union était fondée sur des fusions de savoir, autant que sur des rapports de caractère. Il rêvaient et composaient de concert; ils jetaient sur le papier leurs idées, ils les rectifiaient par des réflexions qui leur devenaient communes, et par l'accord de leur zèle et de leur talent, ils parvinrent à l'exécution d'entreprises colossales qui auraient cent fois échoué sans cette adroite, franche et admirable association.

J'allais voir Percier, sur ses vieux jours, dans son entresol du Louvre. Il était là, au haut d'un escalier raide et dans des enfilades de pièces, au milieu des cartons, entouré de ses élèves, qui le regardaient et l'aimaient comme un père. Il avait un goût étonnant pour l'ornementation, les rinceaux, les arabesques, les rosaces. Il était fort ingénieux aussi pour la distribution, et nos plus jolis hôtels, nos maisons les plus confortables, sont sortis de son cerveau ou des mains des architectes de son école.

M. Fontaine quitta le Louvre, et, nommé premier architecte, il

habita l'hôtel d'Angevillier, rue de l'*Oratoire*, jadis rue d'*Autriche*. Il y est encore, je pense, après avoir, avec une persévérance indomptable, achevé la rue de Rivoli, le Palais-Royal, les Tuileries, et avoir donné des plans qu'il faudra consulter pour terminer les grandes galeries. Une lettre qu'il m'adressa le 28 novembre 1828, et que j'ai conservée, vous le fera connaître mieux que toutes mes phrases ne pourraient faire : « Monsieur, c'est sans doute par erreur
» que dans votre direction des beaux-arts, au ministère, on m'a
» donné le titre de baron que je n'ai pas et ne désire pas avoir. Oserais-je vous prier de vouloir bien faire qu'à l'avenir il ne me soit
» donné d'autre qualification que celle d'architecte du Roi, la seule
» dont je puis et dois être honoré. Vous obligerez infiniment celui
» qui a l'honneur d'être, avec estime et considération, votre très
» humble et dévoué serviteur, FONTAINE. »

S'il n'était baron, il méritait de l'être. C'était le titre qu'on donnait aux savants et aux artistes : baron Cuvier, baron Fourier, baron Thénard, baron Dupin, baron Corvisart, baron Portal, baron Gérard, baron Regnault, baron Gros, baron Guérin, et vingt autres de cette trempe. Gérard voulait sortir de ces baronies et s'élever jusqu'au titre de comte; je crois même qu'il en obtint le diplôme, mais il ne le publia pas, redoutant plus que tout la moquerie de ses confrères. Tous ces titres, à le bien prendre, frisaient le ridicule; il y avait bien du fané dans cet oripeau. On ne savait si on en était décoré ou masqué. Tantôt on en voulait, tantôt on les rejetait; c'était comme aujourd'hui le *Monseigneur* et l'*Excellence*, que les uns briguent, que les autres dédaignent et qui apparaissent fièrement ou honteusement en tête des pétitions, et jusques dans les documents soumis aux chambres législatives d'un peuple qui se bat depuis cinquante ans pour le nivellement absolu et qui par un côté ou par un autre, par instinct, préjugé, habitude rentre et retombe toujours dans la hiérarchie.

Bernardin de Saint-Pierre était au Louvre, à l'entresol, comme Percier et de l'autre côté du péristyle, sur la rue du Coq-Saint-Honoré. Ducis était précisément en face, dans les bâtiments sur la rivière. De leurs fenêtres, ils pouvaient se parler par signes, à travers la cour, et, à l'aide de petits télégraphes, établis à leurs persiennes, se donner des rendez-vous pour dîner, pour souper, pour causer; ils se voyaient tous les jours, sans faute, et ils mêlaient volontiers leurs potages, leurs rôtis, leurs fruits, leur gentils ménages. Ils avaient tous deux des femmes spirituelles et complaisantes, qui animaient leurs repas, et auxquelles se venaient joindre quelques bons et intéressants amis : Bitaubé, Ginguené, Andrieux, parfois Neufchâteau et Laharpe, Chénier, Fontanes, Cabanis. Là, chacun lisait avec chaleur les pages du jour et le plan des travaux du lendemain.

C'était un lycée au petit pied, sans tribune, sans palmettes, où le génie, ayant ses coudées franches, traçait de divins tableaux du monde, des cieux, des lois et des beautés éternelles. Saint-Pierre et Ducis étaient ceux qui se convenaient et s'entendaient le mieux. Ils avaient de l'exaltation, de l'entrain ; ils croyaient en Dieu, du moins le chantaient-ils sur tous les tons, donnant de la vie future, des descriptions qui faisaient venir l'eau à la bouche. L'aurore, plus d'une fois, les trouva enfoncés dans leurs confidences harmonieuses ; alors on apportait du jambon, des ailes de volaille, de la salade d'anchois et du Médoc ou du Lafitte, et l'on recommençait la journée dans les enchantements et les transports d'une religiosité toute sentimentale et toute poétique. On buvait aux muses, aux vierges pures, on buvait à l'amour, à la patrie et l'on se montait si bien la tête, qu'il en sortait tout à coup des inspirations, des éclairs qui éblouissaient et enlevaient les convives, et remplissaient leurs âmes des plus profondes et des plus chères émotions.

Quand l'ordre fut notifié de reprendre les travaux du Louvre, il fallut donner congé à l'Institut et à ses classes ; il fallut faire déguerpir les hommes, les femmes, les enfants, les servantes, les chiens, les chats et toute cette traînée de ménages, dont plusieurs faisaient remonter leurs titres aux derniers siècles. Ils étaient là de père en fils, et considéraient le palais comme leur patrimoine. Ils voulurent et ils eurent des indemnités notables, et lorsqu'enfin toutes ces nuées de gens d'esprit furent dispersées, on vit s'abattre au Louvre les manœuvres !

Un concours avait été ouvert pour les projets d'ensemble et pour le devis des frais, qui, en si grand nombre, étaient à faire. Ce concours fit naître une infinité de combinaisons et une confusion d'ébauches dont on ne put se tirer qu'en ne prenant aucune détermination. C'est une méthode sûre : on ouvre la carrière ; les dupes s'y précipitent en foule ; quelques vues claires et praticables sortent nécessairement de leurs efforts. Les auteurs n'en ont pas le bénéfice, mais d'autres, mieux placés, mieux épaulés, plus rusés, plus heureux, s'emparent de ce qu'il y a de bon dans ce fouillis, et dressent, à l'aide d'un pillage intelligent, une compilation raisonnée, qu'a dopte et couronne l'autorité, malgré les cris et les réclamations de la foule inquiète. C'est là l'histoire générale des concours, et si c'est un abus que cet état de choses, nous ne pensons pas que personne, en ce moment, ait la résolution bien ferme d'y apporter remède. Quoiqu'il en soit, au retour d'Egypte, Bonaparte prit le consulat comme un marche-pied pour atteindre à l'empire, et, dès qu'il eut revêtu le manteau vert, dès qu'il eut été sacré à Notre-Dame, il manda les architectes, vit leurs planches, examina leurs calculs, hésita quelques mois, puis s'arrêta aux idées les plus traditionnelles et les plus saines que pour lui rédigèrent ces deux inséparables, ces deux vieux bâtisseurs dont je parlais tout à l'heure, ces dignes Fontaine et Percier, dont le plan, à mon avis, et tout miré, tout pesé, est encore le pivot sur lequel, je le répète, doit aujourd'hui tourner la grande machine de l'achèvement du Louvre.

Ces plans sont connus de tout Paris, de toute la France; ils ont été affichés, publiés. Allez au cher Duchesne, le garde des estampes, il vous les déploiera avec son obligeance accoutumée, et vous verrez qu'il n'y a rien de mieux à faire que de les prendre pour base de la belle et indispensable édification qui se prépare. Fontaine, dans ses feuilles, avait mis un opéra; Percier, une église; du prêtre et de l'histrion, le sacré et le profane, côte à côte, en regard, pour obéir aux doubles exigences. Mais on a réfléchi, mais on s'est modifié; on ne veut plus en cet endroit ni chapelles, ni coulisses, ni enfants de chœur, ni danseuses. Quant au tracé général des bâtiments, j'imagine qu'on l'accepte, et je m'y attache aussi; j'accepte les matériaux tels qu'on a prévu qu'ils devaient être; j'accepte les dépenses et n'en discute pas le chiffre; qu'on porte au budget les fonds, les annuités; la France est si riche, qu'elle peut payer; elle est si libérale, qu'elle aime à payer encore et sans cesse. Elle ne se refuse à rien : elle paye pour l'Afrique, elle paye pour la famine et pour la taxe des pauvres; elle paye pour les rails-ways, pour la paix intérieure et extérieure, pour la diplomatie, pour les gendarmes! O bonne vache à lait! inépuisable! L'argent procure ici de l'aliment pour l'ouvrier, des embellissements pour la ville; un abri pour les arts. Tout est donc pour le mieux, tout est bénéfice! Une fois certain des vœux du roi, des désirs de la nation, du vote des chambres, j'explique comment j'entends l'exécution des galeries, qui sont désormais la grande affaire. Il y a deux galeries neuves à construire : celle du *Nord*, qui continue l'aile commencée rue de Rivoli; celle de l'*Ouest*, qui doit, de la rue de Rohan, aller perpendiculairement au pont du Carroussel, et qu'on nomme aussi la galerie transversale, tombant à angle droit sur la galerie du bord de l'eau, galerie du *Sud*.

Attention, je vous prie : au lieu de bâtir, pour les *livres*, la galerie du nord, comme on en a le dessein, je voudrais qu'on la bâtît pour les *tableaux*. Ceux-ci sont mal placés dans la galerie du sud, qui est évidemment trop peu spacieuse pour les grandes toiles qu'elle renferme et qu'on ne peut examiner à leur point de vue. Elle fut destinée, dans le principe, à recevoir les plans des villes de France (ceux qui sont maintenant aux Invalides), et non point à faire un musée. Elle est mal éclairée pour la peinture; c'est un fait reconnu et proclamé, objet de réclamations judicieuses et constantes. Je profite du remaniement, qui est de tout le monde souhaité, et je fais d'une pierre deux coups, sans m'inquiéter des cris des conservateurs paresseux ou des sophistes récalcitrants, mais uniquement préoccupé de l'intérêt positif du public, des professeurs et des élèves.

La galerie du nord, la galerie à ériger, devrait, selon moi, avoir soixante pieds de large ; on ménagerait des jours par les voussures, et ce serait un perfectionnement facile, qui exciterait les bravos universels. Une fois les tableaux classés suivant la méthode Thoré ou autre semblable, une fois les cadres accrochés dans cette galerie parallèle à la rue Saint-Honoré, on mettrait la bibliothèque sur le quai, dans la galerie méridionale. Le transport, fait avec soin, n'occasionnerait ni pertes ni dommages, et je m'en chargerais, s'il le fallait, pour deux cent mille francs, pas un sou de plus. N'est-ce pas une avance bien minime pour de si énormes avantages? Le Dauphin, fils de Louis XV, dressant de sa main des plans pour l'achèvement du Louvre, y plaçait la bibliothèque, et il en rangeait les tablettes dans la galerie d'Apollon, au-dessus du jardin de l'infante. Je la reporte à côté, le long de l'eau, et je développe son local, ainsi que le veulent les nouvelles acquisitions, en si grand nombre, qu'on a faites dans les départements des imprimés, des manuscrits, des gravures, des cartes géographiques. Les deux galeries, du nord et du sud, seraient doublées et triplées par des pavillons et hôtels qui, du Louvre, iraient à la galerie transversale, et qui, par des cours intérieures, des escaliers, terrasses, couloirs, dégagements de toute espèce, augmenteraient l'espace consacré à la bibliothèque et au musée, et offriraient toutes les facilités pour le logement des gardes et le service enfin des deux établissements.

La galerie de l'ouest étant élevée parallèlement aux Tuileries et au Louvre, sauf quelques déviations qu'aisément on dissimulerait, j'y installerais une collection éthnologique qui, bien choisie, bien disposée, bien tenue, serait un bienfait nouveau pour cette population active, qui n'aspire qu'au progrès de la science, qui est avide d'apprendre et qui ne vit que par l'accroissement de l'industrie et des arts. Londres a son *muséum* qui, en une seule et splendide enceinte, montre, auprès l'un de l'autre, tous les produits de la nature mis en œuvre par l'intelligence humaine sous les différents climats et à tous les degrés. Le *musée français* sera bien autrement important si les vœux que je viens d'émettre, vœux dont je ne suis que l'interprète et qui sont ceux des artistes, des gens de lettres, vœux populaires et patriotiques, sont pleinement et promptement exaucés.

Remarquez, mon ami, que par ces trois musées : musée de tableaux, musée éthnologique, musée de livres, je n'occupe que les parties supérieures des galeries. Le rez-de-chaussée demeure libre. Une rue couverte, un passage superbe s'établit sous la galerie transversale ; tandis que, sous les deux autres galeries, sont, dans mon projet, de longues salles voûtées, qui servent à l'exposition annuelle, biennale, triennale, quinquennale, tant des peintures et sculptures des artistes vivants, que des porcelaines et tentures de Sèvres et des Gobelins, ou des produits de nos arts industriels et de nos manufactures. Une solution est donnée d'un trait de plume à bien des problêmes. Que ma lettre courre, que ses conclusions soient admises, et tout va sortir de terre comme une morille.

Le rez-de-chaussée étant voûté, maçonné, cimenté, bien conditionné, en granit et en briques, il y aurait une question que j'oserais élever : celle de savoir si l'on ne pourrait y avoir et y poser des cheminées, des calorifères, des poëles, sans faire courir le plus léger risque aux musées des étages supérieurs ? Supposez cette question résolue par l'affirmative, je trouverais là moyen dès lors d'avoir cinq cents boutiques de fleurs, de libraires, de marchands de lithographies et d'estampes, qui feraient du passage de l'ouest et de ses adjacents, une promenade, une foire perpétuelle, dont les revenus seraient assurément considérables.

Est-ce par la négative que la question se résout? Alors encore il y a des locations possibles quoique plus restreintes, si ce n'est dans toutes les galeries, au moins dans la transversale, et si le budget est plus chargé, il y a pourtant des sommes notables qui lui reviennent par l'aliénation de l'hôtel Nevers et de tout le pâté de constructions qu'occupe actuellement la bibliothèque du roi.

Vous regretterez cet hôtel, vous gémirez sur la dégradation de ces salles Mazarines, de ces peintures et dorures qui sont à vos yeux d'un si haut prix ! quoiqu'à vrai dire toutes ces magnificences soient bien effacées et bien ternes, je n'y suis pas, je vous jure, indifférent, et l'on ne me vit jamais parmi les démolisseurs de la bande noire. Rappelez-vous que j'étais au ministère quand on nomma des commissions pour la recherche des antiquités et la conservation de tout ce qui, dans nos provinces, se rattachait à des événements historiques. Je fis tout ce qui était en moi pour conjurer la ruine des tombes, des moulures, des vitraux et des parchemins aussi, des chartes, des incunables. Je me fis (non pas tant, si vous voulez, par vocation que par occasion) le prêtre du vieux et du gothique, et je marchai dans cette route avec l'ardeur et la constance que vous savez. J'ai donc fait de ce côté mes preuves. Mais le fanatisme a ses digues, la superstition a ses limites. Il y a des cas d'utilité évidente où je me résigne, et j'avoue qu'ici je serais entraîné. Je vendrais, je dénaturerais, j'attirerais les soumissionnaires, et l'ensemble d'un beau projet me ferait passer sur les pertes de détail.

Mais attendez un moment, voici une autre idée qui naît et que je vous livre : pourquoi cet opéra, dont le sort s'agite à l'heure où j'écris, ne serait-il pas placé dans le terrain même qui, par la translation de la bibliothèque au Louvre, devient libre entre les rues de Richelieu, de l'arcade Colbert, Vivienne et Neuve-des-Petits Champs?

Examinez, jugez, vous avez là des places avoisinantes, on en ferait d'autres, et l'académie royale de musique serait dans ce quartier, sur cet emplacement, érigé au centre de la ville, de la ville élégante, de la ville animée, et dans une terre féconde, dans une ligne d'ascension, dans une voie de prospérité. Tous ces éléments se combinent. Le plan que je révèle et dont je m'empare était celui de Molinos et de Legrand, deux architectes célèbres, qui eurent pour organe M. de Kersaint à l'assemblée constituante. Le conseil général du département de la Seine fut, en 1791, appelé à délibérer, Talleyrand (évêque d'Autun) fut d'un avis favorable. Les événements de 92, la terreur, les guerres, suspendirent toute décision sur des intérêts de cet ordre. Sous le directoire on annonça l'intention d'y revenir, mais ce ne fut que sous le consulat et sous l'empire, sous la gestion du baron Denon et le ministère du comte de Montalivet, qu'on travailla au palais, qu'on remua non seulement des papiers, mais des pierres et qu'on éleva la portion de galerie qui part du pavillon Marsan et dépasse la rue Saint-Nicaise. Tous les ans, si Napoléon fût resté debout, il eût été construit cinq arcades. On jetait des ponts sur la Seine, on faisait des quais, on faisait des abattoirs, on élevait des arcs et des colonnes, on pensait à tout, on suffisait à tout, mais la guerre aussi rongeait tout. Le désastre de Moskow, le retour des Bourbons nous cassèrent bras et jambes. Dans les cent jours, Carnot s'entretint avec Bonaparte de la mise à flot du grand projet; deux hommes qui s'étaient toujours appréciés et goûtés l'un l'autre par les qualités essentielles, mais qui se repoussaient par des formes accidentelles et des habitudes prises; dans le passage rapide de mars 1815 au mois de juillet, ils se virent tous les jours, et s'unirent pour le bien de l'État. L'empereur aimait mieux les maçons que les fédérés. Carnot le secondait franchement dans ses vues de bien public, et ce ministre, en un temps si court, se signala par une foule d'actes qui, après lui fructifièrent : enseignement mutuel, dotation des facultés et des colléges, voyages lointains ordonnés dans l'intérêt de la science et du commerce, desséchement des marais, reboisement des montagnes, Carnot donna partout d'excellentes instructions, c'était un général qui aimait l'agriculture, un soldat qui aimait l'humanité. Il accueillait les maires avec une bonté extrême, il avait à midi des audiences auxquelles pouvaient se présenter tous les citoyens; toutes les portes étaient ouvertes, tout le monde était reçu, écouté, récompensé ou puni selon ses mérites; jamais je n'ai vu un homme plus simple en ses discours, plus grand dans ses desseins, plus loyal, plus prompt à juger du bien et du mal, du vrai et du faux; plus doux et plus affectueux pour ceux qu'il estimait, plus indulgent pour la faiblesse, mais plus raide aussi et plus inexorable pour le vice, la perfidie et la lâcheté.

Il eut une querelle avec Lebrun, le prince archi-trésorier. L'empereur, en resaississant les rênes, avait dit tout de suite : *réorganisons l'Université.* Carnot qui avait dans ses attributions l'instruction publique, me demanda une liste de candidats pour la place de grand-maître. Je mis le comte de Lacépède de l'académie des sciences ; le comte Regnault de Saint-Jean-d'Angély, de l'académie française; Lebrun, duc de Plaisance, de l'académie des inscriptions ; Boissy-d'Anglas, du sénat; et Arnault qui était de l'Institut, et qui comme secrétaire-général, remplissait par intérim les fonctions de la grande-maîtrise. Il y avait dans ces cinq personnages, des titres, des caractères, des aptitudes de tous les degrés. Carnot eût choisi de préférence Boissy-d'Anglas, mais l'empereur nomma le duc de Plaisance.

Le duc, qui était altesse et fort jaloux de ses prérogatives, se blessa d'un ordre que lui donna le ministre. En le recevant, il partit aussitôt à pied du Palais-Bourbon pour venir se plaindre à Carnot lui-même du ton de la lettre qui lui avait été écrite : « Que » voulez-vous lui dit Carnot, je n'écris pas à l'archi-trésorier, » mais au grand-maître. L'Université est pour moi comme une di- » rection générale, et je ne puis officiellement avoir avec vous » d'autres rapports que ceux que j'ai avec les ponts-et-chaussées, » les travaux publics, les cultes. En acceptant la place vous en avez » accepté les conditions ; je ne puis changer nos positions respecti- » ves. Je suis responsable, j'ordonne, obéissez. » Cela se passait devant moi. Lebrun sortit furieux, il courut aux Tuileries et voulut donner sa démission, mais l'empereur le calma, il avait moins besoin de lui dans ce moment là que de Carnot, il les garda tous les deux. Lebrun était monarchique outré, il flattait Napoléon par ses tours aristocratiques, et il lui nuisait aussi par ses plans rétrogrades et ses soupirs d'ancien régime. Carnot était républicain, mais patriote avant tout, et se pliant volontiers aux nécessités d'une époque où le pouvoir concentré était le plus sûr moyen de la défense du territoire, et le meilleur gage de l'indépendance nationale. Ce fut lui qui des premiers projeta de couper la Vendée par des routes multipliées pour activer la circulation, semer les idées, empêcher les révoltes. A Paris, il fit réparer et agrandir le Jardin des Plantes, l'Observatoire, le Conservatoire des arts et métiers ; il avait reconstitué l'Institut, que l'abbé de Montesquiou voulait détruire ; il voulait réunir la bibliothèque Mazarine et la bibliothèque de l'Institut, sous une seule et même administration, qui eût coûté moitié moins, et eût rendu deux fois plus de services. Il avait à cœur d'achever le Louvre, et d'y centraliser tous les dépôts de sciences et d'arts. Daunou qui avait été avec lui au tribunat lui écrivit : « Chargez moi du transport de la bibliothèque, et je vous promets que dans six mois tout sera fait. » Un décret fut rédigé, l'empereur allait le signer, quand tout fut englouti dans l'abîme de Waterloo.

Que d'années déjà se sont écoulées depuis que ces projets roulaient sur mes tables! Va-t-on les reprendre? Ah! je le souhaite vivement. Nous sommes arrivés à l'âge de raison ; plus de tâtonnements, de retards, d'intriguasseries. Que le Louvre sorte en triomphe de ses épreuves, que tout ce qui l'entoure soit nivelé, déblayé, nettoyé, que l'échoppe affreuse, cette vermine enfin soit abattue et proscrite; que les arts soient enrichis, l'industrie favorisée, l'opinion satisfaite ; que les ministres proposent, que les chambres approuvent, que les crédits affluent, et que dans cinq ans se déroulent et se parangonnent ces galeries majestueuses qui seront mieux en rapport avec la civilisation, qui feront plus d'honneur au règne du premier roi de l'Europe, que des glacis, des bastions et des enceintes continues.

On a semblé craindre que la bibliothèque, étant placée au Louvre, ne passât à la liste civile. Eh! que me fait à moi l'administration, pourvu que j'y trouve du zèle et de l'intelligence, de l'ordre! mais l'intendant-général a bien assez de charges, sans vouloir encore prendre celle-là, et d'ailleurs n'avez-vous pas la loi qui sera rendue, et qui en allouant les fonds, fera ses réserves sur la propriété et les attributions? Les bâtiments nouveaux seront distincts et séparés des autres. Ils resteront au domaine de l'État, et la bibliothèque publique ne cessera pas d'être dans le ministère de l'instruction. Point donc de difficulté sérieuse ; qu'il y ait aussi un jugement sain, une volonté ferme, et je vous déclare qu'avant de mourir, vous et moi, nous verrons avec bonheur l'accomplissement de ce *grand œuvre !*

DEUXIÈME SECTION.

Sur l'emplacement du nouvel opéra.

Par mes plans sur l'achèvement du Louvre, j'ai transporté la bibliothèque dans les nouvelles galeries, et j'ai laissé libre l'hôtel Nevers. J'ai dit qu'on y pourrait mettre l'opéra, et je crois franchement qu'il ne serait pas mal en cet endroit pour faire des recettes. Mais je retrouve une note qu'en 1820 j'avais faite pour le ministre comte Siméon, sur cette reconstruction même de l'académie royale de musique ; j'indiquais alors un autre emplacement, tout à fait indépendant du projet relatif à la bibliothèque, je vous envoie cette pièce sans y changer un mot, sauf à la faire suivre de quelques réflexions pour la raccorder avec les nouvelles vues.

Note présentée au ministre de l'Intérieur, le 5 mars 1820, sur la reconstruction de l'Opéra.

« L'Opéra ne peut rester dans le local actuel; on cherche un autre emplacement, ou plutôt il en faut deux, car il y aura une salle provisoire, et puis une définitive.

» Pour le moment on peut choisir entre le théâtre de l'Odéon, le théâtre de la Porte Saint-Martin, le théâtre Favart.

» M. de Pradel (directeur de la maison du roi) semble avoir arrêté ses idées sur Favart, tandis que, d'après ce que me faisait l'honneur de me dire hier M. le baron Capelle, le ministre pensait à l'Odéon; quant à la Porte Saint-Martin, il paraît qu'on y a tout à fait renoncé.

» L'administration des *grands théâtres* étant jusqu'à nouvel ordre dans les attributions de la liste civile, il est à présumer que l'avis de M. de Pradel prévaudra en cette circonstance ; il y aurait pourtant sur la translation au théâtre Favart, même quand ce n'est que temporairement, plus d'une observation à faire. On n'y pourra jouer qu'une petite partie du répertoire, et les recettes ne couvriront pas les frais d'aménagement. Si le théâtre est entouré de loges commodes pour les acteurs, si les danseuses ont là tout ce qu'il leur faut pour leur toilette, la scène en revanche est trop resserrée, les effets de la représentation seront manqués, l'orchestre étourdira les spectateurs. Ce sont de graves inconvénients, mais qui dureront peu, et je le répète, le service est sous les ordres d'une autre administration que celle de l'Intérieur ; cette administration fera, je n'en doute pas, ce qui dépendra d'elle pour réduire le mal et tirer le meilleur parti possible de la position difficile où elle se trouve. Je ne puis cependant m'empêcher de faire observer que pour le théâtre Favart on n'aura pas à payer un loyer moindre de 40, 50 ou 60,000 francs par année, au lieu que pour l'Odéon, il n'y aurait rien à débourser. La chambre des pairs l'abandonnerait gratuitement. C'est une considération qui ne saurait être négligée.

» L'objet important et dans lequel le ministre de l'Intérieur doit intervenir, c'est la construction de la nouvelle salle. C'est une grande affaire et sur laquelle il y a eu déjà beaucoup de projets. Je vais dire quelques mots des principaux plans présentés, à différentes époques. Je terminerai par émettre une opinion qui sera appuyée, je crois, de raisons assez fortes.

Je procède par ordre et par numéro.

I.

« On veut mettre l'opéra à la Bourse, mais les architectes instruits se récrient contre ce dessein. M. Labarre est désolé, et il ne cesse de venir m'apporter notes sur notes, pour combattre une idée qui selon lui est de tous points fâcheuse. Il y aurait à la Bourse pour plus de deux millions de dépenses déjà faites et qui seraient absolument en pure perte; pour avoir là un théâtre, il faudrait tout reprendre en sous œuvre, creuser des caves de quarante à cinquante pieds et faire des fondations solides sous les masses colossales qui existent. Je laisse à penser quel embarras et quel péril. Il y aurait trois et quatre millions à payer encore, que dis-je? sept ou huit, sans qu'on pût espérer d'obtenir une salle qui remplît toutes les conditions désirables. Jamais une construction faite dans un but spécial et déterminé, ne peut s'approprier à d'autres vues. Il y manque, quoiqu'on fasse, mille choses et ici en outre, il y aurait le désappointement du commerce qui, depuis dix ans, fait des fonds dans la confiance qu'on les emploie à lui préparer un asile, et qui, tout à coup se verrait privé d'un palais somptueux dont il était à la veille de jouir. Les journaux s'emparent dès à présent de ce thême, et la Gazette de France a ce matin un article très malveillant, très dûr, qu'il serait bon de réfuter par l'annonce de mesures opposées à celles que d'avance, par provision, elle censure avec tant d'amertume.

II.

« Il y a sur le boulevard Poissonnière, entre la maison de M. Rougemont Lovemberg et les magasins de M. Dagoty, des terrains sur lesquels on ne voit que des bâtiments dont l'achat ne serait pas très dispendieux. L'architecte Alavoine avait pensé qu'on pourrait construire l'Opéra dans cet emplacement. Le sol est de quinze a vingt pieds au-dessous du boulevard, et les caves en partie se trouveraient creusées pour le jeu des machines. Le public entrerait de plein-pied par le péristyle, en face de la rue du Sentier, et tout le service du théâtre, des décorations, des coulisses se ferait par la rue Bergère. L'atelier de peinture et les grands magasins étant placés dans le faubourg il est certain que toutes les convenances et toutes les économies se trouveraient merveilleusement par ces dispositions. Le Conservatoire de musique serait derrière l'Opéra : autre avantage. Alavoine pousse à son plan, mais on lui objecte que l'académie royale se trouverait dépaysée d'être sur le boulevard comme un petit théâtre, et j'avoue que cette raison me touche peu. C'est sur le boulevard que je voudrais voir tous les monuments. J'y voudrais la façade de Favart, et si je n'accepte pas le plan d'Alavoine, c'est que j'ai une autre local qui me sourit davantage et sur lequel bientôt je vais appeller l'attention du ministre.

III.

« On pensait, il y a vingt ou trente ans, comme quelques personnes le font encore à ce moment, à transporter l'Opéra à l'Odéon, non pas seulement par mesure provisoire, mais d'une manière définitive. Je remets au ministre deux plans où cette idée est figurée et expliquée. Les devis sont joints aux dessins, tout est fort détaillé et parfaitement clair. On voit le projet d'élargissement du théâtre et toutes les constructions secondaires et accessoires dans les terrains adjacents, à droite et à gauche. Les petites rues du pourtour sont supprimées, on en fait d'autres. Sous le rapport de l'art, ce projet est bien; on le doit à M. Peyre, neveu, beau-frère de M. Panckouke. Peyre a fait usage des notes laissées par les premiers auteurs du plan de l'Odéon, ce qui donne des garanties; mais on pourrait faire examiner, pour plus de sûreté, le travail, par une commission prise à l'Académie des beaux-arts. Ce qui vient contre ce dessein, c'est le peu de goût de la direction de l'Opéra pour passer la Seine. Elle craint que le public ne l'y suive pas. Le public payant, abondant, toujours renouvelé, est celui de la rive droite. L'Opéra se garnit surtout des personnes qui habitent le Palais-Royal et ses alentours, la Chaussée-d'Antin et tous les quartiers du haut négoce et de la banque.

» D'un autre côté, si l'on met l'Académie royale de musique à l'Odéon, que deviendra la troupe du second théâtre français? Jouera-t-on alternativement la tragédie parlée, la tragédie lyrique? Le machiniste s'accommodera-t-il de cet enchevêtrement? J'ai peur que non. Dans tous les cas, il faudrait de nouveaux traités, de nouvelles concessions, de grosses dépenses, qui n'aboutiraient qu'à mêler et confondre deux administrations qui ne s'entendraient point, qu'il faudrait plus tard dissoudre et séparer avec des frais supplémentaires et des tracasseries toujours renaissantes.

» Dans mon opinion, il faut laisser l'Odéon avec son régime, son répertoire, son public, son genre, et chercher ailleurs une boëte pour l'Opéra. »

IV.

« On parle de la place du Carrousel. Il faudra bien avoir une galerie transversale qui passe sur l'hôtel Marbœuf, caserne des Cent-Suisses ; c'est là que M. Poyet voudrait qu'on mît l'Opéra, ayant deux façades, l'une sur le Louvre et l'autre sur les Tuileries.

» MM. Percier et Fontaine ne bâtissent pas loin de là leur salle d'Académie royale de chant et de danse. J'en ai, bien avant ce temps-ci, causé souvent avec eux, et ils ne m'ont pas dissimulé qu'à moins d'une dépense de 4 à 5 millions, peut-être le double, on n'aurait rien de bon.

» M. Poyet ne serait pas moins cher. Il taille en plein drap, et quand il est à l'œuvre, il ne s'arrête plus.

» Ce n'est pas tout que de bâtir la salle, il y a les galeries à terminer, afin qu'elles s'y rattachent, et les millions y couleront comme de source. Mais en architecture monumentale, on n'a rien sans argent, sans beaucoup d'argent. Je le sais de reste et ce n'est pas là ce qui m'arrête. Un motif me frappe pour éloigner l'Opéra du Carrousel : Est-il convenable, est-il prudent de mettre si près du château un théâtre public ? Le Vaudeville est rue de Chartres et la Comédie-Française rue de Richelieu, mais cela ne prouve rien. Des inconvénients ne sont pas des règles ; des fautes ne sont pas des arguments. Je ne veux pas outrer les précautions et je suis loin de voir partout des périls, mais qu'on se souvienne de l'inquiétude que donna la représentation de *Germanicus*, et qu'on n'oublie pas qu'il est de principe, en bonne administration, de ne placer pas les lieux de rassemblements, les marchés, les halles, les centres d'action et de passion, les théâtres et les églises mêmes près du Corps-Législatif, et à plus forte raison près de la demeure du souverain et du siége de sa puissance toujours compromise, en un temps ou en un autre, par les flots du peuple et les émotions de la foule.

» Je ne pousserai pas trop loin ces prévisions, mais j'ajouterai que le voisinage de l'Opéra serait une gêne pour la circulation des voitures de la Cour lors des solennités, des réceptions, des fêtes. Quel encombrement, aux jours des bals masqués qui se croiseraient avec les bals et concerts des rois et des princes !

» Ne faut-il pas faire entrer en ligne de compte et comme motif de rejet un incendie possible du théâtre, qui menacerait de détruire la galerie de tableaux. »

V.

« On disait aussi que, dans la rue de Rivoli, on aurait des terrains tout prêts pour le placement de la nouvelle salle. Certes, l'espace ne manque point, mais le sol est-il propre à une construction de théâtre à machines ? En creusant à de grandes profondeurs, ne trouverait-on pas l'eau filtrant de la rivière ?

» Et puis l'inconvénient de la proximité du château se reproduit comme au Carrousel.

» D'autre part, un architecte, M. Damême, assisté du comte Achille de Jouffroy, mettait en avant le plaisir des spectateurs qui, pendant les entr'actes, pourraient se promener dans le jardin des Tuileries.

» Ce qui plaît à l'un déplaît à l'autre. M. Lainé avait eu connaissance des plans Damême et il était sur le point de les adopter. Il ne fut arrêté que par un scrupule. Le comte Achille passait pour un manigancéur d'affaires : le ministre craignit qu'il ne voulût trop gagner dans l'opération dont il se faisait le truchement. Il n'aimait pas tout ce qui ressemblait à l'intrigue. Les tripoteurs lui donnaient la fièvre. Il repoussa donc l'architecte et son patron, et, malgré le roi, malgré les princes, malgré les dames d'atour et les gentilshommes ordinaires, qui tous le pressaient et le harcelaient, il refusa net de donner sa signature.

» Le ministre aujourd'hui ne veut pas plus d'agioteurs, mais il faut après tout se servir de ce qu'on a. Pour les grandes entreprises, il faut de hardis entrepreneurs. S'ils risquent des capitaux, c'est pour faire des bénéfices. Ce qui convient, c'est de s'assurer qu'ils remplissent leurs engagements, qu'ils ne font rien d'illicite, qu'ils vont à l'utile, si ce n'est pas vertu, du moins par intérêt ; car de ne souffrir dans les travaux publics que des hommes d'une pureté sans tache et de petits saints, ce serait une vraie chimère ; autant vaudrait fermer la porte aux adjudications et crier aux gens : Nous ne ferons rien ! »

VI.

« M. Debret, ami de Gérard le peintre et recommandé par lui fort chaudement, avait fait des esquisses et des plans pour mettre l'Opéra dans le local occupé par le ministère des finances et la loterie, entre les rues de Gaillon, Sainte-Anne, Neuve-Saint-Augustin, Neuve-des-Petits-Champs. Mais que d'hôtels à abattre, quels frais à faire! Si l'on ménage quelque chose, on n'aura que de l'incomplet. Si l'on jette tout par terre, il faudra dix millions. Ou l'on se ruine, ou l'on n'a qu'un théâtre enfermé dans des bicoques.

» Ce quartier, au bas de la Butte-des-Moulins, est naturellement humide. Il y aura des ruisseaux, de la boue, et en somme des rues étroites, et peu de dégagements que par des démolitions qui triplent les dépenses. »

VII.

« Voici le plan par lequel j'ai promis de terminer mon énumération et qui me semble réunir le plus d'avantages en même temps qu'il présente le moins d'inconvénients. Il a été goûté par M. Percier, homme habile autant qu'impartial. Percier ignore que je soumets ce projet au ministre. Je n'ébruite rien, je me tiens en garde contre les fureteurs, les indiscrets. S'ils apprenaient quelque chose, ils courraient, crieraient, clabauderaient ; ils seraient pour, ils seraient contre, selon qu'ils se croiraient ou favorisés ou lésés. Il faut se défendre avec soin de toutes ces discussions et querelles anticipées. Venons au fait : On a reconnu que la place Vendôme n'est point suffisamment percée. Elle n'a que deux issues, et c'est presque plutôt une cour qu'une place. Souvent on a pensé à ouvrir les arcades du milieu par le côté qui mène au marché des Jacobins, et de même les arcades par le côté de la rue du Luxembourg. Pourquoi ne pas saisir l'occasion qui se vient offrir d'exécuter un plan qui n'a que trop langui ? Il ne suffit pas de percer des arcades, de faire des passages qui ne seraient que des guichets ; il faut abattre les cinq fenêtres de ces frontons, comme on les a abattues du côté des Feuillants et des Capucines, et, cela tout de suite fait, je ne suis plus en peine d'expliquer ce qui reste à faire.

» Dans les bâtiments de la place, à l'ouest, en face de la colonne, est la chancellerie. Un jardin est derrière ayant un mur qui longe la rue du Luxembourg. C'est dans ce jardin que je bâtis l'Opéra. Un architecte adroit fera bien vite un plan et un devis. Percier peut nous venir en aide ; il aura avec lui M. Fontaine, ou bien le ministre désignera un autre artiste. Un projet bien dressé mettra à même de prendre une détermination. Je ne donne que le programme : une vaste salle, bien élégante, bien aérée, une belle scène, bien machinée, des escaliers commodes, des sûretés contre le feu ; il ne faudra plus après cela que de belles pièces et de bonne musique, de bons acteurs, chanteurs, danseurs ! mais nous n'en manquons pas. Mon Dieu ! que de talents ! et pourtant qu'il y a de routine dans tous ces poëmes, dans tout ce lyrisme, dans toute cette chorégraphie ! Je voudrais bien qu'on se défît de ces banalités fatales, de ces fleurs de papier, de ces boucliers de carton, de ces batailles pour rire, et puis de ces pirouettes, de ces groupes sans grâce, de ces chœurs sans élan, sans inspiration ! mais je vas trop loin. Ce n'est pas là le moment. Je me dois renfermer dans les murs, les loges, les toiles et les coulisses. Tout le monument s'élève comme par enchantement. Le quartier n'est pas dans le centre, mais il n'en est pas loin. Il se rapproche des rues neuves et de toute une ville de faste qui va entourer la Madeleine. Il ne gêne point le château, il est entre les Tuileries et le boulevard. On est maître du sol, et avec trois ou quatre millions au plus, on a un édifice, qui, étudié avec soin, construit avec ordre, avec goût, avec célérité, atteint le but qu'on se propose, et fait honneur aux arts, à la ville, au ministère.

« La chancellerie prendra l'hôtel Wagram ou tel autre, qu'on saura bien trouver ou bâtir pour elle. J'en ai dit assez. Je m'arrête. Je n'entrerais dans plus de détails que dans le cas où il y eût quelque chose de décidé sur l'un ou l'autre des projets dont j'ai donné l'aperçu et le sommaire. »

Que dites-vous, Darreste, des explications qu'il y a vingt ans je faisais passer sous les yeux du ministre? Y trouvez-vous un peu de sens, un peu de sel? M'avez-vous suivi dans ces études? Etudes de terrain, études de quartier, études de mœurs, car il faut tout peser pour un théâtre semblable. Il y a les théâtres du peuple qu'on met à sa portée et dans les rues qu'il affectionne. Mais ici c'est le théâtre des riches, le théâtre du luxe, et il faut qu'il se lie avec les quartiers, les hôtels, les habitudes de l'opulence. Quittez votre partie d'échecs, venez avec moi, reprenons une à une toutes mes indications, et vous finirez, je gage, par vous ranger à mon système. Je m'effrayais de l'idée de placer un théâtre dans les hôtels de la loterie et des finances; c'est cependant ce qu'on a fait hardiment et follement. Nous avons eu là, dans ce coin même, anguleux et incommode, la salle Ventadour. Mais sa construction, quoique raffistolée, et les ennuis qui en résultent, ne prouvent-ils pas que mes répugnances étaient fondées? La salle, le foyer, le théâtre, les vestibules, tout a été remanié pour les Bouffes; mais en dépit de tant de frais qu'on ne cesse de faire, quelle cage mal orientée, quels cabinets étriqués pour les acteurs, quel défaut de débouchés, que d'accidents ou de transes les jours de foule, et que de saletés autour! quelle infection! pouah!

Pour le grand Opéra, on désigna longtemps le jardin de Frascati, dans lequel on n'avait pas, comme on l'a fait depuis, songé à ouvrir la nouvelle rue Vivienne. Ensuite on se décida pour l'ancien hôtel Laborde, devenu l'hôtel Choiseul, et dans lequel Debret, supplantant Delannoy, bâtit de plâtre et de moellons, de boue et de crachat, la salle qui dure encore. C'est dans ce local même, arrondi par les rues Pinon et autres, qu'on veut toujours placer le nouveau théâtre. On indique aussi la rue Basse-du-Rempart et les hôtels Davillier et d'Osmond dans l'axe de la rue de la Paix. On indique le Timbre en se développant jusqu'au boulevard des Capucines. On cherche, on arpente, on toise. Pourquoi pas, dit l'un, prendre les Bains chinois? Pourquoi pas, dit l'autre, le pavillon de Hanovre? Eh bien! moi, mon ami, j'insiste pour la place Vendôme. Tout y est: beau terrain, faciles abords, arguments de toute espèce dont je vous fais grâce! Je ne suis pas architecte, je ne suis pas entrepreneur, je ne suis point bailleur de fonds, point actionnaire. Je ne gagnerai pas une obole à l'adoption de mon plan. Je n'en serai ni plus gras ni plus maigre. Je n'exige ni louanges, ni pot-de-vin, ni loge, ni stalle; je n'ai de profit à attendre que le bien général, et cette abnégation n'est plus de mode. On ne me comprendra pas. Je n'aurai point d'influence. L'Opéra sera bâti où il faudra pour qu'une compagnie, bien prospecturée, y trouve des millions à *empocher*. Le siècle est à ces conclusions, et ce que je publie et vous écris n'est que par souvenir de ces intérêts qui m'ont tant fait passer de nuits blanches! Toutes mes pages ne serviront à rien, si ce n'est à faire rire à mes dépens, si ce n'est à me faire taxer de malencontreuse censure. Mais de toutes ces tribulations, j'ai fait mon deuil. Comme un cheval de trompette, je ne crains pas le bruit. On n'écrirait pas une ligne s'il fallait écouter le tiers et le quart et plaire à tout le monde. Heureux si je ne vous fatigue pas trop, mon cher ami, et si je parviens à vous amener sain et sauf, sans sommeil lourd, jusqu'à la dernière ligne de cette maudite et interminable épître!

Adieu, je vous embrasse.

F. GRILLE.

Le 30 mars 1847.

P. S. J'ai lu votre comédie de l'*Auberge de Newmarket*. Le sujet est piquant, la conduite de la pièce est bonne, les caractères sont bien tracés, le style est vif, et je vous assure que je crois que cet ouvrage aurait du succès au théâtre. Portez-le donc à Geffroy ou à Régnier. Lisez-le aux Français, on le recevra, et j'aurai un grand plaisir à aller l'entendre aux vacances.

J'en ai gardé copie pour ma bibliothèque. J'ai copié vos contes, vos couplets, vos fables. Parent d'un grand poète, vous êtes poète aussi. Vous ne faites pas des *Josselin*, vous ne faites pas des *Girondins*; mais je vous jure que vos vers et votre prose m'intéressent fort. Préparez-vous à m'en faire de longues lectures, quand, au mois de septembre, j'irai jouir à l'Étang de votre aimable affection, de vos chères causeries.

Je ne veux pas arriver à vous les mains vides, de peur d'être grondé. J'ai fait des chansons, des poëmes, des épigrammes. Vous en aurez le duvet, la fleur. Il y a tant de gros enflés autour de nous, tant de plats visages, dans lesquels le trait s'enfonce comme dans de la cire; il y a tant de jolis minois, de petits pieds mignons, de bras potelés, de tailles rondelettes, qu'il est malaisé de ne pas mordre sur les uns, de ne pas admirer les autres. Je griffonne toujours, je crayonne toujours, je vous montrerai mes bribes et mes pochades. Voici pour échantillon des stances à une *Iris en l'air*, qui datent de ma jeunesse et que j'ai retouchées, sans que vous ayez le droit d'en faire à qui que ce soit ici l'application.

A UNE INGRATE.

Toi, la plus folle des coquettes,
Tu m'accuses de trahison !
Par tes détours et tes défaites,
Tu veux égarer ma raison.
Tu n'aimes que la comédie ;
Jamais chez toi, toujours dehors ;
Par une feinte jalousie,
Sur moi tu rejettes les torts.

Eh ! bien oui, mon âme incertaine
Ne sait plus à quoi se fixer ;
Je suis prêt à rompre ma chaîne,
Et tremble rien que d'y penser.
Plus je te montre de courage,
Plus je me sens faible en secret ;
Mon dépit chasse ton image,
Ma main rapproche ton portrait.

En te quittant je te désire,
Absent rien ne peut me calmer,
J'ai besoin de te voir sourire,
Aux vœux qu'il faudrait comprimer.
Ah ! le ruisseau que dans sa course
Arrêtent les vents en fureur,
Quand il remonte vers sa source,
Est moins agité que mon cœur.

Si je veux, du mal que j'éprouve,
M'aller distraire au fond des bois,
Sans y songer, je me retrouve
Aux lieux où tu viens quelquefois.
Sous les arbres que tu préfères,
Assis où l'on te vit t'asseoir,
Et bercé de mille chimères,
En soupirant j'attends le soir.

La nuit, d'étoiles couronnée,
Au repos me rappelle en vain !
Prends, ah ! prends toute ma journée,
Mais laisse-moi jusqu'au matin ;
Laisse du moins jusqu'à l'aurore,
Ton pauvre esclave respirer,
Pour que demain, il puisse encore,
Et te maudire et t'adorer !

5 avril 1847.

Je reçois un prospectus imposant, car il est tout rempli de lettres d'évêques. Il s'agit d'une *Bibliothèque approuvée* par l'autorité ecclésiastique et qui donne les auteurs grands et petits, mais revus, corrigés, épurés, d'après l'esprit qu'on pense. Montaigne est épuré, Charron est épuré, Goldsmith et Montesquieu sont réduits et châtrés, Mme de Sévigné n'échappe pas à la censure, on lui ôte ses gaîtés trop vives et certaines réflexions qui, venant des *Rochers*, sentent le fagot. Quant à Rousseau et Voltaire, on peut bien imaginer qu'il en reste peu de pages ; on prétend montrer, mais on cache ; on permet et l'on refuse ; on donne des noms et des titres, non des œuvres. Avec cette bibliothèque choisie, on aura tout et rien ; c'est ainsi en toutes choses, quand on passe par les mains des bons pères. Car ce sont eux qui publient ou protègent, ce sont eux qui appuyent et favorisent cette opération, à laquelle, après tout, je souhaite bonne chance. Qu'on imprime, qu'on vende, c'est là ce que je veux. Faites lire, faites connaître, de l'un on ira à l'autre. Vous prêtez à un écolier *la Henriade* martyrisée, il passera bien vite aux *Discours philosophiques* ; vous lui permettez *Mérope* et *Zaïre*, il aura et dévorera *l'Essai sur les mœurs*.

Allez donc, répandez, prêchez, faites vos éditions, faites vos orgs, vous êtes libres, semez vos idées, on vous écoutera, on vous jugera, je n'en demande pas davantage. Une dame, qui est allée entendre un Père de la *Société*, me racontait qu'un jour il avait démontré la nécessité impérieuse du rétablissement de l'inquisition ; un autre jour, il a cité de récents miracles, et il a tourné d'une si drôle de manière ses récits qu'il a fait rire aux larmes tout un petit groupe de dévotes qui étaient sous la chaire ; enfin, une troisième fois, il s'est si bien embrouillé dans son sermon sur l'enfer et le purgatoire, qu'il a fait dire à l'une de ses pénitentes les plus dévouées : « Oh ! pour le coup, il n'a pas le sens commun ! »

Il faut passer par la folie pour arriver à la raison. Le monde ne périra pas tout à l'heure ; il a le temps de s'instruire, et il faut s'en fier au sort pour son éducation et son bonheur. Je ne gêne personne, et pour obtenir de la tolérance, j'en accorde à qui en veut. Je suis très lié avec des dévots et des légitimistes. Je les laisse dire et faire. Je corresponds avec eux. Ils me tansent et je leur riposte sans amertume. Ils vont leur train, je vas le mien. Ils jeûnent et je déjeûne. Ils mangent des haricots, moi, j'ai des côtelettes panées, cuites à point. Tout cela s'arrange, et l'un d'eux, en signe d'affection, m'a fait cadeau d'une lettre d'Adrienne Lecouvreur dont il faut que je vous régale. Cette lettre est datée de Paris, le 19 mars 1729. Elle est adressée au marquis de La Chalotais, qui fut depuis avocat général, et devint si célèbre par sa philosophie, son talent, son courage, ses malheurs. Il s'attaqua aux Jésuites et les fit chasser du royaume ; il leur enleva leurs biens, leur position ; il leur arracha la direction des familles et de l'éducation publique. Ils ne le lui pardonnèrent pas, et, par leurs amis, ils lui firent souffrir des peines inouïes.

La Chalotais avait étudié au séminaire ; il avait eu dans sa jeunesse une abbaye, et c'était comme abbé qu'il avait été présenté à la cour de Louis XV. Il vit beaucoup les gens de lettres, beaucoup les acteurs et les actrices, grâce à l'abbé de Voisenon et à Duclos, qui l'introduisirent dans toutes les bonnes maisons, dans tous les bons nids. Il eut avec Lecouvreur des nœuds fort tendres, et quand il fut retourné à Rennes, où il se maria, il envoya par la messagerie à Adrienne une douzaine de petits pots de beurre de la Prévalaye, qui sont l'objet de la lettre que je transcris avec son orthographe :

« J'aurois eu l'honneur de vous repondre et de vous remercier sur le champ, monsieur, sans une très grosse fluxion que j'ay dans la teste depuis huit jours. J'auois passé mon hivert quoyque rude sans aucun rhume ; mais il a fallu payer le tribut comme les autres. Que je suis sensible à votre souuenir et que je suis aise que uous me conseruiez de l'amitié. La mienne uous est bien acquise pour ma uie assurément. Uotre beure me fait souuenir de nos salades aux œufs dûrs. Quand en mangerons-nous, mon cher abbé ? Car uous estes toujours abbé pour moy, quoyque je uous sache marié auec plaisir et que j'aye même un très grand désir d'auoir l'honneur de connoitre madame de La Chalotais. Sy elle est aussy aimable que uous, ce que je crois uolontiers parceque uous l'aimés, uous deués estre bien heureux tous deux. Soyés le toujours, c'est une félicité qu'un mariage bien assorti et bien uni ; au dessus mille fois des royaumes et des trésors ! rappellés uous le souuenir de Philémon et de Beaucis. Uiués aussy contens et aussy longtemps qu'eux et serués d'exemple après uotre mort ; il n'y a qu'une chose qu'il me semble qu'il y faut ajouter, ce sont des enfans. Ils n'en auoient point et sans doute que uous en désirés ou que uous en aués. Pourquoy ne me le pas mander ? Pouuez uous douter de ma curiosité sur tout ce qui uous regarde ? Sy uous n'estiez pas sy paresseux ! Mais je dois uous remercier de ne m'auoir pas tout à fait oubliée. J'y suis d'autant plus sensible que je connois tout le prix de la constance. Uous me trouuerés toujours les mêmes amis : d'Argental, MM. de Fontenelle et Fonsemagne uiennent ce matin dîner chés moy auec quelques autres personnes qu'ils aiment et moy aussy. Que n'en estes uous ! Uous nous remettés encore bien loin, mais conserués nous toujours cette espérance et remplissés la le plus tost qu'il uous sera possible. L'abbé uous a repondu plus tost que moy. Ce n'est plus luy, mais il est encore aimable, et quand on le uoit, on uoudroit le uoir toujours. Il uous aime tendrement. Nous allons boire à uotre santé de tout notre cœur. Adieu, mousieur, uenés bientost et donnés nous plus souuent de uos nouuelles.

« Madame la marquise de Lambert uit encore et a plus de bontés pour moy que jamais. Ce n'est pas la uotre, c'est la mère, qui est une personne adorable, et dont uous seriés enchanté sy uous la connaissiés comme moy. »

Adrienne était en rapports intimes avec des militaires, des poètes, des abbés. Le dernier abbé qu'elle mentionne était l'abbé de Saint-Cyr, qui n'écrivait point, qui ne rimait point, mais qui buvait, chantait, était charmant à table, et qui alors, près de sa fin, jetait de douces lueurs encore en s'éteignant. L'abbé La Chalotais était marquis aussi, ce que n'a pas su Villenave, qui a fait sa biographie, partout copiée. La Lecouvreur vante la constance dont elle faisait preuve; oui, en amitié, car en amour c'était une fière changeuse, une Ninon, moins jolie, mais belle pourtant et d'un autre genre d'esprit, moins fin et plus élevé peut-être.

Je n'ai plus de papier. Adieu, mille respectueux hommages à votre chère et délicieuse femme.

FIN.

www.ingramcontent.com/pod-product-compliance
Lightning Source LLC
Chambersburg PA
CBHW060524050426
42451CB00009B/1141